Python: Il Manuale per Imparare a Programmare. Contiene Esempi di Codice ed Esercizi Pratici.

Oscar R. Frost

Published by Oscar R. Frost, 2024.

While every precaution has been taken in the preparation of this book, the publisher assumes no responsibility for errors or omissions, or for damages resulting from the use of the information contained herein.

PYTHON: IL MANUALE PER IMPARARE A PROGRAMMARE. CONTIENE ESEMPI DI CODICE ED ESERCIZI PRATICI.

First edition. December 6, 2024.

ISBN: 979-8230479017

Written by Oscar R. Frost.

Also by Oscar R. Frost

Raspberry Pi: Scopri Tutti i Segreti per lo Sviluppo e Programmazione del Micro Computer per Maker e Hobbisti. Contiene Esempi di Codice ed Esercizi Pratici

Arduino: Scopri Tutti i Segreti per lo Sviluppo e la Programmazione del Microcontrollore per Maker e Hobbisti. Contiene Esempi di Codice ed Esercizi Pratici.

Angular: Guida Completa allo Sviluppo e Programmazione di Siti Internet Dinamici e Web App con AngularJS. Contiene Esempi di Codice ed Esercizi Pratici

C++: Guida Completa al Linguaggio e alla Programmazione ad Oggetti. Contiene Esempi di Codice ed Esercizi Pratici

CSS: Guida Completa allo Sviluppo di Fogli di Stile per Web Design e la Creazione di Siti Internet. Contiene Esempi di Codice ed Esercizi Pratici

PHP: Guida Completa allo Sviluppo e Programmazione di Siti Web Dinamici. Contiene Esempi di Codice ed Esercizi Pratici.

MySQL: Guida Completa ai Database SQL per Principianti. Contiene Esempi di Codice ed Esercizi Pratici.

JavaScript: Guida alla Programmazione Web e Web-App. Contiene Esempi di Codice ed Esercizi Pratici.

React Native: Guida Completa allo Sviluppo e Programmazione di Siti Internet e Web App con ReactJS. Contiene Esempi di Codice ed Esercizi Pratici.

Java: Guida Completa alla Programmazione ad Oggetti.
Contiene Esempi di Codice ed Esempi Pratici
Python: Il Manuale per Imparare a Programmare. Contiene
Esempi di Codice ed Esercizi Pratici.

Sommario

Premessa

Scrivere programmi (o programmare) è un'attività molto creativa e gratificante. Puoi scrivere programmi per diversi scopi: guadagnarti da vivere, risolvere un difficile problema di analisi dei dati o aiutare qualcun altro a risolvere un problema.

Questo e-book presuppone che tutti debbano sapere come programmare e, successivamente, scoprire cosa vuoi fare con le tue nuove skills. Nella nostra quotidianità siamo circondati dalla tecnologia, a partire dai laptop fino ai telefoni cellulari. Possiamo pensare a questi computer come ai nostri "assistenti personali" che possono occuparsi di molte attività per conto nostro. L'hardware dei nostri computer attuali è essenzialmente costruito per farci continuamente la domanda: "Cosa vorresti che facessi dopo?". I nostri computer sono veloci e hanno una grande quantità di memoria che potrebbe esserci molto utile se solo conoscessimo la lingua per interagire con esso.

Se conoscessimo questa lingua, potremmo dire al computer di svolgere attività ripetitive per conto nostro ed è interessante notare che le attività in cui i computer possono fare meglio sono spesso le attività che noi umani troviamo noiose e che intorpidiscono la mente. Ad esempio, se dovessi analizzare due capitoli di un libro per trovare la parola più usata e contare quante volte è stata usata, probabilmente avresti qualche difficoltà. Sei in grado di leggere e comprendere le parole in pochi secondi ma contarle è più complesso perché non è il tipo di problema per cui le menti umane sono progettate. Per un computer, è vero il contrario, la lettura e la comprensione del testo sono compiti difficili ma contare le parole e trovare la parola più utilizzata sono compiti molto più facili:

python parole.py

La parola più utilizzata nel testo è: per

Tale parola è stata usata 11 volte

Il nostro programma ci ha rapidamente detto che la parola "per" è stata usata undici volte nel testo che hai già letto finora. Proprio perché i computer eccellono in tutti quei compiti in cui gli esseri umani non sono bravi è il motivo per cui devi diventare un esperto del "linguaggio informatico".

Dopo aver appreso questo nuovo linguaggio, puoi delegare attività banali al tuo computer, lasciandoti più tempo per fare ciò per cui sei particolarmente adatto. Devi usare creatività, intuizione e inventiva in questa fase e, sebbene questo libro non sia destinato a programmatori professionisti, programmare può essere un lavoro molto gratificante sia finanziariamente che personalmente.

Costruire programmi utili, eleganti e intelligenti e che gli altri possano usare è un'attività molto creativa ed interessante. Il tuo computer, di solito, contiene molti programmi diversi e creati da diversi gruppi di programmatori, ognuno in competizione per avere la tua attenzione ed il tuo interesse. I programmatori fanno del loro meglio per soddisfare le tue esigenze e per offrirti un'ottima esperienza utente durante l'uso.

Per ora, la nostra motivazione principale non è fare soldi o piacere agli utenti finali ma, piuttosto, essere più produttivi nella gestione dei dati e delle informazioni che incontreremo nel corso della nostra vita. Al primo avvio, sarai sia il programmatore che l'utente finale dei tuoi programmi, man mano che acquisisci abilità come programmatore, la programmazione ti sembrerà più creativa e le tue idee potranno orientarsi verso lo sviluppo di programmi per gli altri.

Capitolo 1
La programmazione

Nel corso di questo e-book proveremo a trasformarti in una persona esperta in programmazione. Alla fine, sarai un programmatore, sicuramente non un programmatore professionista ma almeno avrai le competenze per esaminare un problema e sviluppare un programma per risolverlo. In un certo senso, hai bisogno di due abilità per essere programmatore:

• Innanzitutto, devi conoscere il linguaggio di programmazione (Python in questo caso) che è composto dal vocabolario e dalla grammatica. Devi essere in grado di scrivere correttamente le parole in questa nuova "lingua" e saper costruire "frasi" ben formate in questa nuova "lingua";

• In secondo luogo, è necessario combinare parole e frasi per creare una storia e trasmettere un'idea. Nella programmazione, il nostro programma è la "storia" e il problema che stai cercando di risolvere è l'"idea".

Dopo aver appreso un linguaggio di programmazione come Python, sarà molto più semplice imparare un secondo linguaggio di programmazione come JavaScript o C++. Tutti i linguaggi di programmazione hanno un vocabolario e una grammatica diversi tra loro ma le capacità di risoluzione dei problemi saranno le stesse in tutti i linguaggi di programmazione. Imparerai il "vocabolario" e le "frasi" di Python abbastanza rapidamente in quanto molto semplici. Scrivere un programma coerente per risolvere un problema potrebbe richiedere più tempo perché prima bisogna apprendere le basi. Proprio come abbiamo imparato la lingua italiana, dapprima imparando a scrivere le parole, successivamente saremo in grado di leggere e spiegare i programmi.

Iniziando a programmare ti accorgerai che la programmazione diventerà un processo molto piacevole e creativo. Iniziamo con il vocabolario e la struttura dei programmi Python, sii paziente perché useremo esempi semplici ma che si rivelano davvero utili.

Parole chiave

A differenza dei linguaggi umani, il vocabolario di Python è in realtà piuttosto ridotto. Questo "vocabolario" costituisce le "parole riservate" ovvero parole che hanno un significato molto speciale per Python. Durante la scrittura dei tuoi programmi, potrai creare le tue parole ovvero parole che hanno un significato importante per te e sono chiamate **variabili**.

Potrai scegliere i nomi per le tue variabili ma non potrai usare nessuna delle parole riservate di Python come nome di una variabile. Le parole riservate in Python sono le seguenti:

and del global not with as elif if or yield assert else import pass break except in raise class finally is return continue for lambda try def from nonlocal while

Impareremo pian piano queste parole riservate e il modo in cui vengono utilizzate nel corso di questo e-book. Possiamo imporre a Python di mostrare un messaggio con l'istruzione:

print ('Hello World!')

In questo modo abbiamo scritto la nostra prima frase Python sintatticamente corretta.

La nostra frase inizia con la funzione print seguita da una stringa di testo di nostra scelta racchiusa tra virgolette singole. Le stringhe nelle istruzioni di stampa sono racchiuse tra virgolette che possono essere singole o doppie. La maggior parte dei programmatori usa virgolette singole ma in alcuni casi questo può rappresentare un problema in quanto possono essere interpretate in modo errato da Python.

Ora che abbiamo una parola e una semplice frase che conosciamo in Python, dobbiamo sapere come iniziare una conversazione con Python per poter interagire con esso.

Prima di poter conversare con Python, devi installare il software sul tuo computer e scoprire come avviare Python sul tuo computer. Il processo di installazione è molto semplice e guidato da un'interfaccia grafica curata ed essenziale. Cerca maggiori informazioni sul sito ufficiale https://www.python.org/downloads/. Ti preannuncio una buona notizia: se sei un utente Linux o Mac OS molto probabilmente Python è già installato nel tuo sistema. Ad ogni modo, apri una finestra del terminale e digita il comando python3 e, se installato, l'interprete Python inizierà l'esecuzione in modalità interattiva e apparirà qualcosa di simile:

pi@raspberrypi:~ $ python3

Python 3.7.3 (default, Dec 20 2019, 18:57:59)

[GCC 8.3.0] on linux

Type "help", "copyright", "credits" or "license" for more information.

>>>

Il prompt >>> è il modo in cui l'interprete di Python ti chiede: "Cosa vuoi fare adesso?" Python è pronto per conversare con te. Tutto quello che devi fare è parlare la lingua di Python.

Puoi stampare a video alcune frasi come:

print('Buongiorno')

print('Vengo in pace')

print('Mi piacerebbe imparare Python')

print 'perchè è molto potente'

File "<stdin>", line 1

print 'perchè è molto potente

^

SyntaxError: Missing parentheses **in** call to 'print'

>>>

La conversazione è andata abbastanza bene per un po' e poi hai commesso un piccolo errore usando il linguaggio Python. A questo punto, capisci che nonostante Python sia incredibilmente complesso e potente, è molto esigente sulla sintassi che usi. In realtà Python non è così intelligente come credi, stai davvero solo conversando con te stesso ma stai usando la sintassi corretta. In un certo senso, quando usi un programma scritto da qualcun altro, la conversazione è tra te e gli altri programmatori usando Python che agisce come intermediario.

Python viene usato per esprimere come deve procedere la conversazione.

Per terminare una conversazione con Python potresti chiudere la finestra del terminale o, in alternativa, in modo più elegante puoi usare il comando quit():

```
>>> quit()
```

Interprete e compilatore

Python è un linguaggio di alto livello destinato ad essere semplice da leggere e da scrivere per gli esseri umani e semplice da leggere ed elaborare per i computer. Altri linguaggi di alto livello sono Java, C++, PHP, Ruby, Basic, Perl, JavaScript e molti altri. L'hardware all'interno della Central Processing Unit (CPU) non comprende nessuno di questi linguaggi di alto livello infatti la CPU capisce un linguaggio detto **linguaggio macchina**. Il linguaggio macchina è molto semplice e francamente molto noioso da scrivere perché è rappresentato soltanto da zeri e uno che ricordano tanto Matrix:

001010001110100100101010000001111
111001100000111010100101011011101

Il linguaggio macchina sembra piuttosto semplice in superficie, dato che ci sono solo zero e uno ma la sua sintassi è molto più complessa di Python, quindi pochissimi programmatori scrivono in linguaggio macchina. Si tende a costruire diversi traduttori per consentire ai programmatori di scrivere in linguaggi di alto livello come Python o JavaScript e questi traduttori si occupano di convertire i programmi in linguaggio macchina per un'esecuzione effettiva da parte della CPU.

I programmi scritti in linguaggi di alto livello possono essere spostati tra computer diversi utilizzando un interprete diverso sulla nuova macchina o ricompilando il codice per creare una versione del linguaggio del programma per la nuova macchina.

Questi traduttori di linguaggio di programmazione rientrano in due categorie generali: **interpreti** e **compilatori**.

Un interprete legge il codice sorgente del programma come scritto dal programmatore, analizza il codice sorgente ed interpreta le istruzioni al volo. Python è un interprete e quando eseguiamo Python in modalità interattiva, possiamo digitare un comando valido di Python (o una frase) ed esso lo elabora immediatamente diventando di nuovo disponibile per aggiungere un'altra richiesta.

Alcune righe dicono a Python di ricordare un valore per il futuro quindi dobbiamo scegliere un nome per memorizzare quel valore. Di solito viene usato il termine **variabile** per fare riferimento alle etichette di questi valori:

```
>>> x = 5
```

```
>>> print(x)
```

```
5
```

```
>>> y = x * 4
```

```
>>> print(y)
```

```
20
```

In questo esempio, chiediamo a Python di ricordare il valore cinque e di usare l'etichetta x in modo da poter recuperare il valore in un secondo momento. Verifichiamo che Python ha effettivamente ricordato il valore usando print. Quindi chiediamo a Python di recuperare x e moltiplicarlo per quattro e mettere il valore appena calcolato in y, infine, chiediamo a Python di stampare il valore attualmente in y.

Anche se stiamo digitando questi comandi in Python uno alla volta, Python li tratta come una sequenza ordinata di istruzioni dove le istruzioni successive sono in grado di recuperare i dati creati con istruzioni precedenti. Stiamo scrivendo il nostro primo "paragrafo" con quattro frasi in un ordine logico e significativo.

Un compilatore, invece, deve memorizzare l'intero programma in un file, quindi esegue un processo per tradurre il codice sorgente di alto livello in linguaggio macchina e quindi il compilatore inserisce il linguaggio macchina risultante in un file per l'esecuzione. Se si dispone di un sistema Windows, spesso questi programmi di linguaggio macchina eseguibile hanno un suffisso di ".exe" o ".dll" che significano rispettivamente "eseguibile" e "linklibrary dinamico". In Linux e Macintosh, non esiste alcun suffisso che contrassegni in modo univoco un file come eseguibile.

L'interprete Python è scritto in un linguaggio di alto livello chiamato C. Puoi cercare il codice sorgente per l'interprete Python visitando il sito ufficiale a questo indirizzo https://www.python.org/ perché si tratta di un linguaggio open source quindi chiunque può contribuire al suo sviluppo. Quando hai installato Python sul tuo computer (o il fornitore lo ha installato), hai/ha effettuato una copia del codice macchina del programma Python tradotto per il tuo sistema.

Un programma

La definizione di **programma** nella sua forma più semplice è una sequenza di istruzioni Python che sono state create per risolvere un problema. Anche una sola istruzione print può essere considerata un programma. È un programma ad una riga e non è particolarmente utile ma nella definizione più rigorosa, è un programma Python. Potrebbe essere più facile capire cosa sia un programma pensando al problema per cui il programma è stato costruito, quindi considera il programma come un aiuto a risolvere quel problema.

immaginiamo che stai facendo delle ricerche sui post di Facebook e sei interessato alla parola più utilizzata in una serie di post. Potresti stampare il flusso di post di Facebook e scandagliare il testo cercando la parola più comune, ma ciò richiederebbe molto tempo e sarebbe molto incline agli errori. Si potrebbe scrivere un programma Python per gestire l'attività in modo rapido e accurato ma, soprattutto, in modo da poter terminare questa analisi rapidamente.

Immagina di dover svolgere questo compito osservando milioni di righe di testo. Onestamente, sarebbe più facile e veloce per te imparare Python e scrivere un programma per contare le parole di quanto non sarebbe scansionare manualmente tutte le parole. Non servono centinaia di righe per un programma così semplice, ne bastano meno di 20. Non credi sia possibile? Ecco qui:

```
nomeFile = input('Inserisci il file:')
```

```python
file = open(nomeFile, 'r')

contatore = dict()

for riga in file:

parole = riga.split()

for parola in parole:

contatore[parola] = contatore.get(parola, 0) + 1

bigcont = None

bigparola = None

for parola, cont in list(contatore.items()):

if bigcont is None or cont > bigcont:

bigparola = parola

bigcont = cont

print(bigparola, bigcont)
```

Leggendo questo codice noterai un misto tra italiano ed inglese, il che è normale in fase di apprendimento perché per rendere il codice più leggibile cerchiamo termini del nostro vocabolario piuttosto che di quello inglese. Tuttavia, è fondamentale imparare a scrivere codice interamente in inglese in modo che possa essere compreso da tutti senza dover usare un traduttore, specialmente se stiamo lavorando a progetti open source.

Infine, ma non meno importanti, esistono alcuni schemi concettuali di basso livello che utilizziamo per costruire programmi. Questi costrutti non sono solo per i programmi Python ma fanno parte di ogni linguaggio di programmazione dal linguaggio macchina fino ai linguaggi di alto livello.

input	Ottenere dati dal "mondo esterno". Questo potrebbe essere la lettura di dati o anche qualche tipo di sensore come un microfono o un GPS. Nel nostro caso, l'input verrà dall'utente che digita i dati sulla tastiera.
output	Visualizzare i risultati del programma su uno schermo o salvandoli in un file o magari scrivendoli su un dispositivo come un CD per riprodurre musica.
Esecuzione sequenziale	Eseguire le istruzioni una dopo l'altra nell'ordine in cui si trovano nello script
Esecuzione condizionale	Verificare determinate condizioni e quindi eseguire o saltare una sequenza di istruzioni.
Esecuzione ripetuta	Eseguire ripetutamente alcune serie di istruzioni, di solito con qualche variazione
riuso	Scrivere una serie di istruzioni una volta e assegnare loro un nome in modo da riutilizzarle nel corso del programma.

Sembra quasi troppo semplice per essere vero, e ovviamente non è mai così semplice. L'arte di scrivere un programma consiste nel comporre ed intrecciare questi elementi di base più volte per produrre qualcosa che sia utile per i tuoi utenti. Il programma di conteggio delle parole dell'esempio precedente utilizza direttamente tutti questi schemi tranne uno e alla fine del libro sarai in grado di capire quale.

Capitolo 2
Variabili ed espressioni

Un **valore** è uno degli elementi di base con cui un programma può lavorare, ad esempio una lettera o un numero. Finora abbiamo visto solo numeri e stringhe (sequenze di caratteri) come valori, questi appartengono a diversi tipi: numeri interi e stringhe. Tu (e l'interprete) potete identificare le stringhe perché sono racchiuse tra virgolette (singole o doppie) e possono essere stampate con l'istruzione print, che funziona anche per i numeri interi. Usiamo il comando python3 per avviare l'interprete.

python3

>>> **print**(4)

4

Se volessi sapere quale tipo abbia un valore, l'interprete può aiutarti come segue:

>>> **type**('Hello World!')

<**class** 'str'>

>>> **type**(19)

<**class** 'int'>

Non sorprende che le stringhe appartengano al tipo str e gli interi appartengano al tipo int. In modo meno ovvio, i numeri con un punto decimale appartengono a un tipo chiamato float, perché questi numeri sono rappresentati in un formato detto **virgola mobile** infatti:

>>> **type**(0.2)

<**class** 'float'>

Attenzione, qualsiasi valore posto tra virgolette viene valutato come una stringa infatti:

>>> **type**('13')

<**class** 'str'>

>>> **type**('1.2')

<**class** 'str'>

Allo stesso modo, quando digiti un numero intero molto grande, potresti essere tentato dall'uso delle virgole che separano gruppi di tre cifre, come in 1,000,000. Questo non è un numero intero valido in Python, ma non ti restituirà errore:

>>> **print**(1,000,000)

1 0 0

Non è affatto quello che ci aspettavamo perché Python interpreta 1,000,000 come una sequenza di numeri interi separati dalla virgola. Francamente sarebbe stato meglio restituire un errore ma questo è il primo esempio di un **errore semantico** ovvero il codice viene eseguito senza produrre un messaggio di errore ma non fa quello che ci aspettiamo.

Variabili

Una delle caratteristiche più potenti di un linguaggio di programmazione è la capacità di manipolare le variabili. Una **variabile** è un nome che fa riferimento a un valore. Un'istruzione di assegnazione crea nuove variabili e fornisce loro i valori:

```
>>> messaggio = 'Benvenuto in Python'
```

```
>>> numero = 1522
```

```
>>> piGreco = 3.1415926535897931
```

In questo esempio vengono create tre assegnazioni. La prima istruzione assegna una stringa ad una nuova variabile con nome messaggio; la seconda assegna il numero intero 1522 a numero; la terza assegna il valore (approssimativo) di π a piGreco. Per visualizzare il valore di una variabile, è possibile utilizzare un'istruzione print:

```
>>> print(numero)
1522
```

```
>>> print(pi)
3.141592653589793
```

I programmatori generalmente scelgono nomi significativi per le variabili e che documentano a cosa serve la variabile. I nomi delle variabili possono essere arbitrariamente lunghi e possono contenere sia lettere che numeri ma non possono iniziare con un numero. È consentito usare lettere maiuscole ma è una buona idea far iniziare i nomi delle variabili con una lettera minuscola.

Il carattere di sottolineatura (_) può apparire nel nome di una variabile infatti viene spesso utilizzato nei nomi con più parole, come pi_greco o nome_utente. I nomi delle variabili possono iniziare con un carattere di sottolineatura ma generalmente evitiamo di farlo, a meno che non stiamo scrivendo codice di una libreria che altri utenti possono usare.

Se si assegna ad una variabile un nome non valido, si ottiene un errore di sintassi:

```
>>> 2orchestra = 'Gran coda'
```

SyntaxError: invalid syntax

Operatori

Gli **operatori** sono simboli speciali che rappresentano calcoli aritmetici come addizione e sottrazione. I valori a cui viene applicato l'operatore sono chiamati **operandi**. Gli operatori +, -, *, / e ** eseguono rispettivamente addizione, sottrazione, moltiplicazione, divisione ed esponente, come nei seguenti esempi:

20 + 32

ora - 1

ora * 60 + minuti

minuti / 60

5 ** 2

(5+9) * (15-7)

Un'**espressione** è una combinazione di valori, variabili e operatori. Un valore, singolarmente, è considerato un'espressione, così come una variabile quindi, le seguenti sono tutte espressioni legali (supponendo che alla variabile x sia stato assegnato un valore):

12

x

x + 11

Quando più di un operatore appare in un'espressione, l'ordine di valutazione dipende dalle regole di precedenza. Per gli operatori matematici, Python segue le convenzioni matematiche.

L'acronimo *PEMDAS* è un modo utile per ricordare le regole:

- Le parentesi hanno la massima precedenza e possono essere usate per forzare un'espressione a valutare l'ordine desiderato. Poiché le espressioni tra parentesi vengono valutate per prime, 2*(3-1) avrà come risultato 4 e (1+1)**(5-2) avrà come risultato 8. È inoltre possibile utilizzare le parentesi per rendere più semplice la lettura di un'espressione come in (minuto*100) / 60, anche se non cambia il risultato;

- L'esponente ha la precedenza più alta dopo le parentesi, quindi 2**1+1 restituirà 3 e non 4, così come 3*1**3 restituirà 3, non 27;

- La moltiplicazione e la divisione hanno la stessa precedenza, che è superiore all'addizione e alla sottrazione, che hanno anche la stessa precedenza. Quindi 2*3-1 restituirà 5, non 4 mentre 6+4/2 restituirà 8, non 5;

- Gli operatori con la stessa precedenza vengono valutati da sinistra verso destra. Quindi l'espressione 5-3-1 restituirà 1 e non 3, perché 5-3 si verifica prima e quindi 1 viene sottratto da 2.

L'operatore modulo, invece, lavora su numeri interi e restituisce il resto del primo operando diviso il secondo. In Python, l'operatore modulo è contraddistinto dal segno di percentuale (%). La sintassi è la stessa di altri operatori:

>>> quoziente = 7 / 3

>>> **print**(quoziente)

2,33333333

>>> resto = 7 % 3

>>> **print**(resto)

1

Quindi 7 diviso 3 ha come risultato 2 con resto di 1. L'operatore modulo risulta sorprendentemente utile infatti puoi verificare se un numero è divisibile per un altro dato che se x%y è zero, allora x è divisibile per y. Questo ti consentirebbe di risolvere problemi matematici in modo molto più veloce: sapresti dirmi quante caramelle mi avanzerebbero se volessi distribuirne 12059 tra 2164 bambini? La risposta è 12059%2164 = 1239 caramelle rimaste.

L'operatore + è usato per lavorare anche con le stringhe ma non indica l'addizione in senso matematico. Questo operatore, usato con le stringhe, esegue la concatenazione ovvero unisce le stringhe collegandole tra loro. Per esempio:

>>> numero1 = 10

>>> numero2 = 15

>>> **print**(numero1+numero2)

25

>>> numero1 = '100'

>>> numero2 = '150'

>>> **print**(numero1 + numero2)

100150

Allo stesso modo, l'operatore * lavora anche con le stringhe ma moltiplicando il contenuto di una stringa per un numero intero. Per esempio:

>>> stringa = 'Prova '

>>> numeroDiRipetizioni = 3

>>> **print**(stringa * numeroDiRipetizioni)

Prova Prova Prova

Recuperare l'input dell'utente

A volte vorremmo recuperare il valore di una variabile dall'utente tramite la sua tastiera. Python fornisce una funzione integrata chiamata input che fa proprio al caso nostro. Quando viene invocata questa funzione, il programma si arresta e attende che l'utente digiti qualcosa. Quando l'utente preme il tasto Invio, il programma riprende e restituisce ciò che l'utente ha digitato come stringa.

>>> variabile_utente = **input**()

Mi piace Python

>>> **print**(variabile_utente)

Mi piace Python

Prima di ricevere un input dall'utente, è una buona idea stampare una domanda o un'indicazione per l'utente. Puoi passare una stringa da visualizzare all'utente prima di mettere in pausa l'input:

>>> nome = **input**('Come ti chiami?\n')

Come ti chiami**?**

Antonio

>>> **print**(nome)

Antonio

Il carattere speciale \n alla fine del prompt rappresenta una nuova riga ovvero provoca un'interruzione della riga corrente. Ecco perché l'input dell'utente appare sotto il prompt. Se ti aspetti che l'utente digiti un numero intero, puoi provare a convertire il valore restituito in int usando la funzione int():

>>> domanda = 'Quanti anni hai?\n'

>>> anni = **input**(domanda)

Quanti anni hai?

22

>>> **int**(anni)

22

Attenzione, se l'utente digitasse qualcosa di diverso da un numero avresti un errore perché la funzione int() non riesce a tradurre come previsto. Vedremo come gestire le eccezioni nel corso Capitolo 3.

Man mano che i programmi diventano più grandi e più complicati, diventano più difficili da leggere. I linguaggi formali sono densi ed è spesso difficile guardare un pezzo di codice e capire cosa si sta facendo o perché.

Per questo motivo, è una buona idea aggiungere dei **commenti** ai programmi per spiegare in linguaggio naturale cosa sta facendo il programma o spiegarne il perché. I commenti in Python iniziano con il simbolo #:

cerco la percentuale di risorse usate

percentuale_disco = (uso_disco * 100) / 60

In questo caso il commento è stato posto su una nuova riga ma può essere posto anche sulla stessa riga dell'istruzione. L'interprete Python ignorerà tutto quello che si trova dopo il cancelletto e fino alla fine della riga. I commenti sono molto utili quando documentano caratteristiche non ovvie del codice. È ragionevole supporre che il lettore possa capire cosa fa il codice; è molto più utile spiegarne il perché. Non ha senso spiegare delle semplici assegnazioni, ha più senso spiegare in linguaggio naturale un'espressione complessa (ad esempio, una formula matematica).

Scegli dei nomi di variabili adatti perché possono ridurre la necessità di commenti, tuttavia, i lunghi nomi di variabile possono rendere difficili da leggere espressioni complesse, quindi è fondamentale trovare un compromesso.

Capitolo 3
Esecuzione condizionale

Un'espressione booleana è un'espressione vera o falsa. I seguenti esempi utilizzano l'operatore ==, che confronta due operandi e produce True se sono uguali e False in caso contrario:

>>> 3 == 3

True

>>> 5 == 2

False

True e False sono valori speciali che appartengono alla classe bool infatti non sono stringhe:

>>> **type(True)**

<**class** 'bool'>

>>> **type(False)**

<**class** 'bool'>

Esistono diversi tipi di operatori per eseguire dei confronti:

x != y # x non è uguale a y

x > y # x è più grande di y

x < y # x è più piccolo di y

x >= y # x è più grande o uguale a y

x <= y # x è più piccolo o uguale a y

Sebbene queste operazioni probabilmente ti siano familiari, i simboli Python sono diversi dai simboli matematici per le stesse operazioni. Un errore comune consiste nell'usare il segno singolo di uguale (=) al posto di un doppio segno di uguale (==). Ricorda che = è un operatore di assegnazione mentre == è un operatore di confronto. Non esiste qualcosa come =< o =>.

Esistono tre operatori logici: **and**, **or**, e **not**. La semantica (significato) di questi operatori è simile al loro significato in inglese. L'operatore and restituisce vero se entrambe le espressioni (alla sua destra e alla sua sinistra) sono vere, falso altrimenti; l'operatore or restituisce vero se almeno una delle due è vera, falso altrimenti; l'operatore not si limita ad invertire il valore quindi falso diventerà vero e viceversa.

```
>>> 1 == 1 and 2 == 2

True

>>> 1 == 1 or 2 == 3

True

>>> 1 == 2 or 2 == 3

False

>>> not(1 == 1)

False
```

if

Per scrivere programmi utili, abbiamo quasi sempre bisogno della capacità di controllare le condizioni e cambiare di conseguenza il comportamento del programma. Le dichiarazioni condizionali ci danno questa capacità e la forma più semplice è l'uso dell'istruzione if:

if x > 0 :

print('uso x perché è positiva')

L'espressione booleana dopo l'istruzione if è chiamata **condizione**. Terminiamo l'istruzione if con i due punti (:) mentre le righe dopo l'istruzione if sono indentate (rientrate). Se la condizione logica è vera, viene eseguita l'istruzione indentata, se la condizione logica è falsa, l'istruzione indentata viene ignorata.

L'istruzione è costituita da una riga di intestazione che termina con il carattere due punti (:) seguito da un blocco indentato. Le dichiarazioni come questa sono chiamate **istruzioni composte** perché si estendono su più di una riga e non c'è limite al numero di istruzioni che possono apparire nel corpo, l'essenziale è che ne sia presente almeno una. Occasionalmente, è utile avere un corpo senza istruzioni (di solito viene usato in fase di sviluppo per indicare che devi completare quella sezione anche se sarebbe meglio usare un commento). In tal caso, è possibile utilizzare l'istruzione pass, che non esegue alcuna azione ma funge da promemoria.

if x > 0 :

print('uso x per i miei calcoli')

if x < 0:

Bisogna gestire i valori negativi

pass

Quando si utilizza l'interprete Python, è necessario lasciare una riga vuota alla fine di un blocco, altrimenti Python restituirà un errore di sintassi simile al seguente:

>>> **if** 10 > 0:

... **print**('a')

File "<stdin>", line 2

print('a')

^

IndentationError: expected an indented block

Come avrai notato, dopo aver digitato l'istruzione condizionale, il prompt di Python è cambiato da >>> a ... indicando che si aspetta un'istruzione indentata perché siamo nel corpo di un'istruzione condizionale.

if...else

Una seconda forma dell'istruzione if è l'esecuzione alternativa, in cui esistono due possibilità e la condizione determina quali azioni eseguire. La sintassi è simile alla seguente:

if x > 0 :

print('x è maggiore di 0')

else :

print('x è minore o uguale a 0')

In questo caso abbiamo ripreso l'esempio precedente applicando una condizione che, se verificata, stampa un messaggio che informa che x è maggiore di 0, in caso contrario informa che x è minore o uguale a 0.

Poiché la condizione deve essere vera o falsa, verrà eseguita necessariamente una delle istruzioni. Le alternative sono chiamate **rami** (o **branch**), perché sono diramazioni del flusso di esecuzione.

if...elif...else

A volte ci sono più di due possibilità e abbiamo bisogno di più di due rami. Assumiamo di voler specializzare meglio il nostro esempio: vogliamo sapere quando x è uguale a 0 perché non basta sapere che è minore o uguale a 0.

if x < 0:

print('x è minore di 0')

elif x > 0:

print('x è maggiore di 0')

else:

print('x è uguale a 0')

elif è un'abbreviazione di "else if", che viene spesso usato in molti altri linguaggi. Ancora una volta, verrà eseguito esattamente un ramo e ricorda che non c'è limite al numero di dichiarazioni elif. Se esiste una clausola else, deve essere posta alla fine, ma non è necessario che ci sia.

Ogni condizione è verificata nell'ordine descritto. Se la prima è falsa, viene verificata la successiva e così via. Se una delle condizioni è vera, viene eseguito il ramo corrispondente e l'istruzione termina. Attenzione, se più di una condizione è vera, sarà eseguito solo il primo ramo vero; se vuoi eseguire anche gli altri usa solo if.

Eccezioni

In precedenza, abbiamo visto un segmento di codice in cui abbiamo utilizzato le funzioni input e int() per leggere e analizzare un numero intero inserito dall'utente. Abbiamo anche visto quanto potrebbe essere pericoloso farlo perché si può generare un errore ed è fondamentale progettare il proprio codice per gestire gli errori e le eccezioni.

```
>>> domanda = 'Quanti anni hai?\n'

>>> anni = input(domanda)

Quanti anni hai?

test

>>> int(anni)

Traceback (most recent call last):

File "<stdin>", line 1, in <module>

ValueError: invalid literal for int() with base 10: 'test'
```

Quando eseguiamo queste istruzioni nell'interprete Python, riceviamo un nuovo prompt dall'interprete con un **traceback** ovvero un errore. Se si inserisce questo codice in uno script Python e si verifica questo errore, lo script si interrompe immediatamente e non esegue l'istruzione seguente. Per far in modo che il nostro programma gestisca questa situazione possiamo usare il costrutto try...except.

Questa struttura di esecuzione condizionale è incorporata in Python ed è stata creata per gestire tipi di errori previsti o imprevisti. L'idea è di "provare" il codice sapendo che alcune sequenze di istruzioni potrebbero generare un errore quindi si desidera aggiungere alcune istruzioni da eseguire nel caso in cui si verifichi l'errore. Queste istruzioni extra (blocco except) vengono ignorate se non si verificano errori. Puoi pensare a questo costrutto in Python come ad una "polizza assicurativa" su una sequenza di dichiarazioni. Riscriviamo il codice precedente:

```
>>> domanda = 'Quanti anni hai?\n'

>>> anni = input(domanda)

Quanti anni hai?

test

>>> try:

... int(anni)

... except:

... print('Hai inserito un valore non valido')

...

Hai inserito un valore non valido
```

Python inizia eseguendo la sequenza di istruzioni nel blocco try e se tutto va bene, salta il blocco except e procede. Se si verifica un'eccezione nel blocco try, Python salta fuori da questo blocco ed esegue la sequenza di istruzioni nel blocco except.

Quando si gestisce un'eccezione con un'istruzione try si parla di **catturare un'eccezione**. In questo esempio, la clausola except stampa un messaggio di errore ma in generale, la cattura di un'eccezione ti dà la possibilità di risolvere il problema, o riprovare, o almeno, terminare il programma senza errori.

Capitolo 4
Funzioni

Nel contesto della programmazione, una **funzione** è una sequenza di istruzioni che esegue un calcolo. Quando si definisce una funzione, si specifica il nome e la sequenza di istruzioni. Successivamente, è possibile "chiamare" la funzione per nome per rieseguire quei calcoli. Abbiamo già visto un esempio di una chiamata ad una funzione:

```
>>> type(32)
```

```
<class 'int'>
```

Il nome della funzione è type mentre l'espressione tra parentesi si chiama **argomento** della funzione. L'argomento è un valore o una variabile che passiamo alla funzione come input per la funzione stessa. Il risultato, per la funzione type, è il tipo dell'argomento. È comune affermare che una funzione "accetta" un argomento e "restituisce" un risultato, anche detto **valore di ritorno** (o valore restituito).

Python fornisce una serie di importanti funzioni integrate che possiamo usare senza la necessità di incorporare librerie o ricrearle. I creatori di Python hanno scritto una serie di funzioni per risolvere i problemi più comuni e le hanno incluse in Python per consentirci di utilizzarle. Le funzioni max e min, ad esempio, ci restituiscono rispettivamente i valori più grandi e più piccoli in un elenco o stringa:

```
>>> max('abcdefgh')
```

'h'

>>> **min**('abcdefgh')

'a'

La funzione max indica il "carattere più grande" nella stringa (che risulta essere la lettera h) e la funzione min ci mostra il carattere più piccolo (che risulta essere la lettera a). Un'altra funzione incorporata molto utile è la funzione len che ci dice quanti elementi ci sono nel suo argomento. Se l'argomento di len è una stringa, restituisce il numero di caratteri nella stringa.

>>> **len**('prova')

5

Queste funzioni non si limitano a lavorare con le stringhe infatti possono operare su qualsiasi insieme di valori. Dovresti considerare i nomi delle funzioni integrate come parole riservate (evita di usare max come nome di una variabile).

Ma è possibile convertire un valore da un tipo all'altro? Python fornisce anche funzioni integrate che convertono i valori da un tipo ad un altro. La funzione int() accetta qualsiasi valore e lo converte in un numero intero se possibile, in alternativa, restituisce un messaggio d'errore:

>>> **int**('32')

32

>>> **int**('Prova')

ValueError: invalid literal **for int() with** base 10: 'Prova'

Allo stesso modo puoi usare float() e str() rispettivamente per convertire un valore in un numero a virgola mobile o per ottenere una stringa da un valore numerico.

>>> **float**(32)

32.0

>>> **str**(32)

'32'

Dati gli stessi input, la maggior parte dei programmi per computer genera gli stessi output ogni volta, quindi si dice che sono **deterministici**. Il determinismo è di solito una buona cosa poiché prevediamo che lo stesso calcolo produca sempre lo stesso risultato. Per alcune applicazioni, tuttavia, vogliamo che il computer sia imprevedibile. I giochi sono un esempio ovvio, ma ce ne sono altri come la crittografia.

Rendere un programma veramente non deterministico non è così facile ma esistono dei modi molto utili. Uno di questi consiste nell'utilizzare algoritmi che generano numeri pseudocasuali. I numeri pseudocasuali non sono realmente casuali perché sono generati da un calcolo deterministico ma osservando tali numeri è quasi impossibile distinguerli da quelli casuali. Il modulo random fornisce funzioni che generano numeri pseudocasuali. La funzione random restituisce un float casuale tra 0,0 e 1,0 (incluso 0,0 ma non 1,0). Ogni volta che chiami questa funzione ottieni il numero successivo in una lunga serie. Per vedere un esempio, esegui questo ciclo:

```python
>>> import random
>>>
>>> for i in range(10):
... x = random.random()
... print(x)
...
0.052106790620197296
0.688074761676638
0.1162906504127218
0.29023807242781197
0.6002408949875643
0.4784974114988294
0.682726182433228
0.5958148653304466
0.37720316786047214
0.10726917045489204
```

Definire una funzione

Finora abbiamo utilizzato solo le funzioni fornite con Python ma è anche possibile aggiungere nuove funzioni. Una definizione di funzione specifica il nome di una nuova funzione e la sequenza di istruzioni che vengono eseguite quando viene chiamata la funzione. Una volta definita una funzione, possiamo riutilizzarla più volte nel corso del nostro programma, evitando di riscrivere lo stesso codice.

```
>>> nome = 'Antonio'

>>> def salutaUtente(nome):

... print('Benvenuto ' + nome)

...

>>> salutaUtente(nome)

Benvenuto Antonio
```

Come avrai capito, def è una parola chiave che indica una definizione di funzione e il nome della funzione è salutaUtente. Le regole per i nomi delle funzioni sono le stesse dei nomi delle variabili: sono consentite lettere, numeri e alcuni segni di punteggiatura ma il primo carattere non può essere un numero. Non puoi utilizzare una parola chiave come nome di una funzione e dovresti evitare di avere una variabile e una funzione con lo stesso nome.

Le parentesi dopo il nome della funzione servono ad indicare gli argomenti della funzione, se sono vuote indicano che la funzione non accetta alcun argomento. In questo caso la funzione accetta un parametro in ingresso ovvero il nome dell'utente da salutare.

La prima riga della definizione della funzione si chiama **intestazione**; il resto si chiama **corpo**. L'intestazione deve terminare con due punti e il corpo deve essere indentato. Per convenzione, l'indentazione è sempre di quattro spazi. Il corpo può contenere qualsiasi numero di istruzioni infatti se digiti una definizione di funzione in modalità interattiva, l'interprete stampa i puntini di sospensione (...) per informarti che la definizione non è completa. Per terminare la funzione, devi inserire una riga vuota (ciò non è necessario in uno script).

Un aspetto peculiare di Python è che la definizione di una funzione crea una variabile con lo stesso nome e la sintassi per chiamare (o invocare) una funzione da noi creata è la stessa usata per le funzioni incorporate in Python. Dopo aver definito una funzione, è possibile utilizzarla all'interno di un'altra funzione. Ad esempio, potremmo scrivere una funzione per dare il benvenuto all'utente e inviare un codice di verifica per l'accesso:

```
>>> def salutaUtente(nome):

... print('Benvenuto ' + nome)

...

>>> def accessoSicuro(nome):

... salutaUtente(nome)
```

... print('Pin inviato')

...

>>> accessoSicuro(nome)

Benvenuto Antonio

Pin inviato

Le definizioni delle funzioni vengono eseguite esattamente come le altre istruzioni ma l'effetto è quello di creare oggetti funzione. Le istruzioni all'interno della funzione non vengono eseguite finché la funzione non viene chiamata e la definizione della funzione non genera alcun output. Come ci si potrebbe aspettare, è necessario creare una funzione prima di poterla eseguire, in altre parole, la definizione della funzione deve essere eseguita prima della prima chiamata.

Al fine di garantire che una funzione sia definita prima del suo primo utilizzo, è necessario conoscere l'ordine in cui vengono eseguite le istruzioni, tale ordine è chiamato **flusso di esecuzione**. L'esecuzione inizia sempre alla prima istruzione del programma e le dichiarazioni vengono eseguite una alla volta, in ordine dall'alto verso il basso. Le definizioni delle funzioni non alterano il flusso di esecuzione del programma, ma ricordano che le istruzioni all'interno della funzione non vengono eseguite fino a quando non viene chiamata la funzione.

Una chiamata di funzione è come una deviazione nel flusso di esecuzione infatti al posto di passare all'istruzione successiva, il flusso salta al corpo della funzione, esegue tutte le istruzioni presenti nel corpo della funzione e quindi riprende da dove era stato interrotto. Sembra abbastanza semplice, fino a quando non ricordi che una funzione può chiamarne un'altra.

Nel mezzo di una funzione, il programma potrebbe dover eseguire le istruzioni in un'altra funzione creando così un ciclo complesso. Fortunatamente, Python è bravo a tenere traccia di dove si trova, quindi ogni volta che una funzione viene completata, il programma riprende da dove era stato interrotto nella funzione che lo chiamava. Quando raggiunge la fine del programma, il programma termina. Alla luce di ciò, quando leggi un programma, non limitarti a leggerlo dall'alto verso il basso, a volte ha più senso seguire il flusso dell'esecuzione.

Alcune delle funzioni integrate, così come la funzione appena creata richiedono argomenti. Alcune funzioni accettano anche più di un argomento e all'interno della funzione, tali argomenti sono assegnati a variabili chiamate **parametri**.

I parametri vengono valutati prima che la funzione venga chiamata e bisogna chiarire un aspetto molto importante che può causare confusione, soprattutto per i principianti. Il nome della variabile che passiamo come argomento (nome) non ha nulla a che fare con il nome del parametro (nome). Non importa come è stato denominato il valore nel chiamante; nella funzione il parametro può avere un nome diverso. Modifichiamo l'esempio per rendere il concetto più chiaro:

```
>>> nome = 'Antonio'

>>> def salutaUtente(nome):

... print('Benvenuto ' + nome)
```

...

```
>>> def accessoSicuro(nome_utente):

... salutaUtente(nome_utente)

... print('Pin inviato')

...

>>> accessoSicuro(nome)
Benvenuto Antonio
Pin inviato
```

Come vedi abbiamo definito una variabile nome che passiamo in input alla funzione accessoSicuro(). Il parametro con cui è stata definita accessoSicuro() è nome_utente ma non è fondamentale passare in input una variabile con lo stesso nome.

Potrebbe non essere chiaro il motivo per cui valga la pena dividere un programma in funzioni. Esistono, in realtà, diversi motivi:

- La creazione di una nuova funzione offre l'opportunità d'identificare un gruppo di istruzioni, facilitando la lettura, la comprensione e il debug (identificazione di errori) del programma;

- Le funzioni possono ridurre la lunghezza di un programma eliminando il codice ripetuto. Se hai delle funzioni e apporti una modifica, devi solo apportarla in un unico punto;

• Dividere un lungo programma in funzioni consente di eseguire il debug delle parti una alla volta e quindi assemblarle in un unico insieme funzionante;

• Le funzioni ben progettate sono spesso utili per molti programmi. Dopo averle scritte ed aver eseguito il debug, è possibile riutilizzarle.

Consigliamo fortemente l'uso delle funzioni e, nonostante tu possa essere un po' restio al loro uso, ben presto ti accorgerai di quanto tempo possono farti risparmiare. Assicurati di creare funzioni con un nome adatto al loro compito e, soprattutto, che eseguano solo un compito in modo da essere atomiche e da non dover incorporare più attività al loro interno.

Capitolo 5
Iterazioni

Ciclo while

I computer sono spesso utilizzati per automatizzare attività ripetitive senza fare errori, questo è un compito che, di solito, i computer svolgono bene mentre le persone svolgono male. Poiché l'iterazione è così comune, Python offre diverse funzionalità linguistiche per renderla più semplice. Una forma di iterazione in Python è l'istruzione while. Ecco un semplice programma per dare il "Ciak, si gira" dopo aver effettuato un conto alla rovescia.

```
n = 3

while n > 0:

print(n)

n = n - 1

print('Ciak, si gira!')
```

Puoi quasi leggere l'istruzione while come se fosse inglese infatti significa "Fino a quando n è maggiore di 0, visualizza il valore di n e quindi riduci il valore di n di una unità. Quando arrivi a 0, esci dall'istruzione while e visualizza la frase "Ciak, si gira!".

Più formalmente, ecco il flusso di esecuzione per un'istruzione while:

1. Valuta la condizione, producendo vero o falso;
2. Se la condizione è falsa, esci dall'istruzione while e continua l'esecuzione con l'istruzione successiva;
3. Se la condizione è vera, esegui il corpo del ciclo e poi torna al punto 1.

Questo tipo di flusso è chiamato **loop** (o ciclo) perché il terzo punto riporta ad uno dei precedenti e ogni volta che eseguiamo il corpo del ciclo è detta **iterazione**. Per il ciclo sopra, diremmo, "Aveva tre iterazioni", il che significa che il corpo del ciclo è stato eseguito tre volte.

Il corpo del ciclo dovrebbe cambiare il valore di una o più variabili in modo che alla fine la condizione diventi falsa e il ciclo possa terminare. La variabile che viene modificata ogni volta che il ciclo viene eseguito e che controlla la terminazione del ciclo è detta **variabile di iterazione**. Se non è presente alcuna variabile di iterazione, il ciclo si ripeterà per sempre, generando un ciclo infinito.

Nel caso del conto alla rovescia, possiamo dimostrare che il ciclo termina perché sappiamo che il valore di n è finito e possiamo vedere che il valore di n si riduce ogni volta attraverso il ciclo, quindi alla fine dobbiamo arrivare a 0.

A volte un ciclo è infinito perché non ha alcuna variabile di iterazione, altre volte non sai che è il momento di terminare un ciclo fino a quando non arrivi a metà del corpo del ciclo stesso. In tal caso è possibile scrivere un loop infinito di proposito e quindi utilizzare l'istruzione break per uscire dal ciclo. Creiamo un ciclo infinito da cui non è possibile uscire:

```python
n = 10

while True:

print(n, end=' ')

n = n - 1

print('Ciclo completato')
```

Se commetti un errore simile o esegui questo codice, imparerai subito come fermare un processo Python sul tuo sistema o ben presto dovrai spegnere il tuo computer. Questo programma funzionerà per sempre o fino a quando si esaurirà la batteria del tuo laptop perché l'espressione logica nella parte superiore del ciclo è sempre vera in virtù del fatto che l'espressione è il valore costante True. Sebbene si tratti di un ciclo infinito, possiamo comunque utilizzare questo modello per creare cicli utili. Forse ti starai chiedendo: ma perché usare True come condizione di un ciclo?

In realtà non è del tutto errato, infatti, questa è una pratica usata nella programmazione client-server. Se hai mai creato un server che accetta delle richieste in input dai client, probabilmente hai già usato un ciclo infinito per far in modo che il server resti in ascolto su una porta in attesa che un client invii una richiesta.

Ovviamente questo non può durare per sempre quindi è fondamentale saper uscire dal ciclo piuttosto che spegnere il server in modo brutale.

Ciclo for

A volte vogliamo iterare su un insieme di elementi come un elenco di parole, le righe di un file o un elenco di numeri. Quando abbiamo un elenco di elementi definito su cui iterare, possiamo costruire un ciclo usando un'istruzione for.

L'istruzione while costituisce un ciclo indefinito perché itera semplicemente fino a quando una condizione non diventa falsa, mentre il ciclo for itera un insieme di elementi già noti in modo da attraversare tutti gli elementi nell'insieme. La sintassi di un ciclo for è simile al ciclo while in quanto esiste un'intestazione e un corpo del ciclo:

utenti = ['Antonio', 'Filippo', 'Marco']

for utente **in** utenti:

print('Buongiorno: ', utente)

print('Buongiorno a tutti!')

La variabile utenti, per Python, è un elenco di tre stringhe e il ciclo for itera attraverso l'elenco ed esegue il corpo del ciclo una volta per ciascuna delle tre stringhe nell'elenco fornendo questo output:

Buongiorno: Antonio

Buongiorno: Filippo

Buongiorno: Marco

Buongiorno a tutti!

Tradurre questo for non è diretto come nel caso di while, ma se pensi agli utenti come un insieme: "Esegui le istruzioni nel corpo del ciclo for una volta per ogni utente nell'insieme chiamato utenti." Le parole chiave for e in sono riservate in Python mentre utente e utenti sono variabili create da noi.

In particolare, utente è la variabile di iterazione per il ciclo for. Tale variabile cambia per ogni iterazione del ciclo e controlla quando il ciclo è completato. La variabile di iterazione attraversa in successione le tre stringhe memorizzate nella variabile utenti.

Spesso utilizziamo un ciclo for o while per passare in rassegna un elenco di elementi o il contenuto di un file e stiamo cercando qualcosa come il valore più grande o più piccolo nei dati attraverso cui eseguiamo la scansione. Questi cicli sono generalmente costituiti da:

- Inizializzazione di una o più variabili prima dell'inizio del ciclo;

- Esecuzione di un calcolo su ciascun elemento nel corpo del ciclo, possibilmente modificando le variabili nel corpo del ciclo;

- Valutazione delle variabili risultanti al completamento del ciclo.

Capitolo 6
Liste

Definizione

Come una stringa, una lista (o elenco) è una sequenza di valori. In una stringa, i valori sono caratteri; in una lista, i valori possono essere di qualsiasi tipo e tali valori sono chiamati **elementi**. Esistono diversi modi per creare una nuova lista; il più semplice è racchiudere gli elementi tra parentesi quadre:

[234, 212, 200, 123]

['Antonio', 'Filippo', 'Marco']

Il primo esempio è una lista di quattro numeri interi mentre il secondo è una lista di tre stringhe. Gli elementi di una lista, tuttavia, possono non essere dello stesso tipo. Il seguente esempio mostra una lista che contiene una stringa, un float, un numero intero e un'altra lista:

['prova', 6.3, 100, [10, 20]]

Abbiamo creato una lista con una lista al suo interno, tale lista avrebbe potuto contenere elementi oppure essere vuota. Una lista che non contiene elementi è detta **lista vuota**; puoi crearne una con parentesi vuote [].

La sintassi per accedere agli elementi di una lista è la stessa per accedere ai caratteri di una stringa ovvero l'uso dell'operatore parentesi quadrata. L'espressione tra parentesi specifica l'indice dell'elemento che vogliamo selezionare. Ricorda che gli indici iniziano da 0:

>>> utenti = ['Antonio', 'Filippo', 'Marco']

>>> **print**(utenti[0])

Antonio

A differenza delle stringhe, le liste sono **mutabili** perché è possibile modificare l'ordine degli elementi all'interno della stessa lista o riassegnare un elemento in una lista. In questo caso vogliamo modificare l'ultimo elemento della lista di utenti sostituendolo con Giovanni:

>>> utenti[2] = 'Giovanni'

>>> **print**(utenti)

['Antonio', 'Filippo', 'Giovanni']

Puoi pensare ad una lista come una relazione tra indici ed elementi. Questa relazione è chiamata **mappatura**; ogni indice "mappa" uno degli elementi. Gli indici di una lista funzionano allo stesso modo degli indici di una stringa:

- Qualsiasi espressione intera può essere utilizzata come indice;

- Se si tenta di leggere o scrivere un elemento che non esiste, si ottiene un IndexError;

- Se un indice ha un valore negativo, si recuperano gli elementi a partire dalla fine della lista.

L'operatore in funziona anche nelle liste come puoi notare dall'esempio:

>>> utenti = ['Antonio', 'Filippo', 'Marco']

>>> 'Antonio' **in** utenti

True

>>> 'Mirko' **in** utenti

False

Operatori e metodi utili

Il modo più comune per scorrere gli elementi di una lista è con un ciclo for. La sintassi è la stessa delle stringhe:

for utente **in** utenti:

print(utente)

Questo approccio funziona bene se devi solo leggere gli elementi della lista ma se vuoi scrivere o aggiornare gli elementi, hai bisogno degli indici. Un modo comune per ovviare a questo problema è quello di combinare la funzione len con range:

numeri = [10, 25, 66]

for i **in range**(**len**(numberi)):

numberi[i] = numberi[i] * 2

Questo ciclo attraversa la lista e aggiorna ogni elemento. La funzione len restituisce il numero di elementi nella lista mentre range restituisce un elenco di indici da 0 a n-1, dove n è la lunghezza della lista. Ogni volta, attraverso il ciclo, otteniamo l'indice dell'elemento successivo. L'istruzione di assegnazione nel corpo del ciclo utilizza i per leggere il vecchio valore dell'elemento e per assegnare il nuovo valore.

Con le liste si può fare davvero di tutto, ad esempio, si possono concatenare con l'operatore +, si possono ripetere elementi con l'operatore * o addirittura "tagliare" tramite l'operatore due punti (:).

```
>>> a = [1, 2, 3]
>>> b = [4, 5, 6]
>>> c = a + b
>>> print(c)
[1, 2, 3, 4, 5, 6]
>>> [0] * 4
[0, 0, 0, 0]
>>> [1, 2, 3] * 2
[1, 2, 3, 1, 2, 3]
>>> t = ['a', 'b', 'c', 'd', 'e', 'f']
>>> t[1:3]
['b', 'c']
>>> t[:4]
['a', 'b', 'c', 'd']
>>> t[3:]
['d', 'e', 'f']
```

Python fornisce anche dei metodi che operano sulle liste. Ad esempio, append() aggiunge un nuovo elemento alla fine di una lista:

```
>>> t = ['a', 'b', 'c']
>>> t.append('d')
>>> print(t)
['a', 'b', 'c', 'd']
```

Il metodo extend(), invece, prende in input una lista e ne aggiunge tutti gli elementi alla lista su cui è stato invocato:

```
>>> t1 = ['a', 'b', 'c']
>>> t2 = ['d', 'e']
>>> t1.extend(t2)
>>> print(t1)
['a', 'b', 'c', 'd', 'e']
```

Un altro metodo molto usato è sort() che consente di ordinare gli elementi in modo crescente quindi dal più piccolo al più grande:

```
>>> t = ['d', 'c', 'e', 'b', 'a']
>>> t.sort()
>>> print(t)
['a', 'b', 'c', 'd', 'e']
```

Così come è possibile aggiungere gli elementi ad una lista è possibile rimuoverli con i metodi pop(), del e remove().

Se conosci l'indice dell'elemento da rimuovere puoi usare pop() che modifica la lista e restituisce l'elemento rimosso. Se non hai la necessità di avere l'ultimo elemento rimosso puoi usare del, mentre se conosci il valore da eliminare ma non la sua posizione, puoi usare remove(). Vediamoli in azione:

```
>>> t = ['a', 'b', 'c']

>>> x = t.pop(1)

>>> print(t)

['a', 'c']

>>> print(x)

b

>>> t = ['a', 'b', 'c']

>>> del t[1]

>>> print(t)

['a', 'c']

>>> t = ['a', 'b', 'c']

>>> t.remove('b')

>>> print(t)

['a', 'c']
```

```
>>> t = ['a', 'b', 'c', 'd', 'e', 'f']
>>> del t[1:5]
>>> print(t)
['a', 'f']
```

Esistono diverse funzioni integrate che possono essere utilizzate nelle liste e che consentono di consultare rapidamente una lista senza riscrivere un ciclo:

```
>>> numeri = [3, 41, 12, 9, 74, 15]
>>> print(len(numeri))
6
>>> print(max(numeri))
74
>>> print(min(numeri))
3
>>> print(sum(numeri))
154
>>> print(sum(numeri)/len(numeri))
25
```

La funzione sum() funziona solo quando gli elementi della lista sono numeri mentre le altre funzioni (max(), len(), ecc.)

funzionano anche con liste di stringhe e altri tipi che possono
essere comparabili.

Capitolo 7
Dizionari

Un dizionario è come una lista, ma più generale. In una lista, le posizioni dell'indice devono essere numeri interi mentre in un dizionario, gli indici possono essere (quasi) di qualsiasi tipo. Puoi pensare a un dizionario come una mappatura tra un insieme di indici (che sono chiamati **chiavi**) e un insieme di valori dove ogni chiave è mappata su un valore.

L'associazione di una chiave e un valore viene detta **coppia chiave-valore** o talvolta elemento. Ad esempio, creeremo un dizionario che mappa dei numeri inglesi a quelli italiani, quindi le chiavi e i valori saranno tutte stringhe. La funzione dict crea un nuovo dizionario senza elementi e poiché dict è il nome di una funzione integrata, è consigliabile evitare di utilizzarlo come nome di variabile.

```
>>> engToit = dict()
```

```
>>> print(engToit)
```

```
{}
```

In questo modo abbiamo creato un dizionario vuoto infatti le parentesi graffe senza alcun valore all'interno indicano proprio un dizionario senza alcuna associazione. Possiamo aggiungere degli elementi come segue:

```
>>> engToit['one'] = 'uno'
```

```
>>> print(engToit)
```

{'one': 'uno'}

Abbiamo creato un elemento che viene mappato dalla chiave one con il valore uno. Stampando nuovamente il dizionario, vediamo una coppia chiave-valore con due punti che separano la chiave dal valore.

Proviamo ad aggiungere più coppie al dizionario:

>>> engToit = {'one': 'uno', 'two': 'due', 'three': 'tre'}

>>> **print**(engToit)

{'one': 'uno', 'three': 'tre', 'two': 'due'}

L'ordine delle coppie chiave-valore, come avrai notato, non è lo stesso di quando le abbiamo inserite. In effetti, se digiti lo stesso esempio sul tuo computer, potresti ottenere un risultato diverso. In generale, l'ordine degli elementi in un dizionario è imprevedibile ma questo non è un problema perché gli elementi di un dizionario non vengono mai indicizzati con indici interi. Si accede ad ogni elemento utilizzando la chiave pertanto:

>>> **print**(engToit['two'])

'due'

Se proviamo a far riferimento ad un elemento non esistente all'interno del dizionario otterremo un KeyError che potremo gestire con un blocco try...except.

Proprio come per le liste possiamo usare le funzioni len() per ottenere il numero di elementi inseriti nel dizionario e la parola chiave in per verificare se un elemento è presente nel dizionario.

```
>>> len(engToit)
3
>>> 'one' in engToit
True
>>> 'uno' in engToit
False
```

Un classico uso dei dizionari consiste nel contare quante volte
una parola o una lettera si ripete all'interno di un testo. In realtà
esistono diversi modi per farlo:

1. È possibile creare 26 variabili, una per ogni lettera
   dell'alfabeto. Potresti iterare il testo e, per ogni
   carattere, incrementare il contatore corrispondente;
2. È possibile creare una lista con 26 elementi. Quindi
   è possibile convertire ciascun carattere in un numero
   (utilizzando la funzione incorporata ord()), utilizzando
   il numero come indice nell'elenco e incrementando il
   contatore appropriato;
3. È possibile creare un dizionario con caratteri come
   chiavi e contatori come valori corrispondenti. La prima
   volta che incontri un carattere, aggiungi un oggetto al
   dizionario. Se hai già incontrato quel carattere, aumenti
   il valore per la chiave corrispondente.

Ognuna di queste opzioni esegue lo stesso calcolo, ma ognuna
implementa tale calcolo in modo diverso. Un'**implementazione**
è un modo per eseguire un calcolo ma alcune implementazioni

sono migliori di altre. Ad esempio, un vantaggio dell'implementazione del dizionario è che non dobbiamo sapere in anticipo quali lettere compaiono nella stringa e non andremo a cercare tra tutte le lettere ma useremo solo quelle che effettivamente compaiono nel testo. Ecco come potrebbe essere il codice che sfrutta i dizionari:

```python
testo = 'Lorem ipsum dolor sit amet, consectetur adipiscing elit. Nullam ac elit eget augue tempus lacinia. Quisque mattis odio tincidunt rutrum placerat'

d = dict()

for c in testo:

if c not in d:

d[c] = 1

else:

d[c] = d[c] + 1

print(d)
```

Stiamo effettivamente calcolando un istogramma, che è un termine statistico per un insieme di contatori (o frequenze). Il ciclo for itera la stringa e ogni volta che si attraversa il ciclo, se il carattere c non è nel dizionario, creiamo un nuovo elemento con chiave c e valore iniziale 1 (poiché abbiamo visto questo carattere una sola volta). Se c è già nel dizionario incrementiamo d[c].

Conclusione

Imparare a programmare è difficile. Non credere a chi ti dice che è semplice. La grande domanda da porsi è "Vuoi imparare Python?" Certamente, questo libro ti ha aiutato a rispondere a questa domanda, ma preparati a lottare, a fare errori, a sentirti frustrato e a sbattere la testa contro la tastiera.

Adesso tocca a te approfondire gli altri aspetti di Python, scoprire librerie interessanti, creare applicazioni e tanto altro. Se ti piace risolvere problemi difficili, se ti piacciono i Sudoku, le parole crociate o i puzzle, in altre parole, se ti piacciono le sfide, allora potresti amare la programmazione in Python. Non è facile, ma è abbastanza facile iniziare, puoi usare questo e-book quando vuoi per rivedere funzioni o chiarire dei dubbi.

Sii paziente con te stesso e fai finta di essere l'insegnante e lo studente allo stesso tempo. Quando lo studente fallisce, il buon insegnante non insulta o castiga ma incoraggia. Il buon insegnante sa che il fallimento fa parte dell'apprendimento e che superare il fallimento è gratificante e porta ad un maggiore apprendimento. Quindi, sii un buon insegnante.

Ma cerca di essere anche un bravo studente. Quando rileggi questo libro, dovresti essere seduto accanto al tuo computer. Poniti un obiettivo, ad esempio, pianifica di trascorrere almeno due ore ininterrotte o pianifica di risolvere un semplice task all'inizio. Questo processo ti porterà attraverso l'apprendimento di base e da lì in poi, sarà un continuo passaggio dal libro alla visualizzazione, modifica e scrittura del codice. Non si impara a programmare leggendo ma esercitandosi.

Quando hai iniziato a leggere questo e-book non avevi, forse, alcuna conoscenza precedente di Python ma adesso che conosci le basi potrai affrontare argomenti piuttosto avanzati come lavorare con la programmazione orientata agli oggetti, i database o usare Python per il Web.

Adesso è tutto nelle tue mani, hai delle basi, fanne buon uso.

Don't miss out!

Visit the website below and you can sign up to receive emails whenever Oscar R. Frost publishes a new book. There's no charge and no obligation.

https://books2read.com/r/B-A-VXBZ-HEYJF

BOOKS 2 READ

Connecting independent readers to independent writers.

Also by Oscar R. Frost

Raspberry Pi: Scopri Tutti i Segreti per lo Sviluppo e Programmazione del Micro Computer per Maker e Hobbisti. Contiene Esempi di Codice ed Esercizi Pratici

Arduino: Scopri Tutti i Segreti per lo Sviluppo e la Programmazione del Microcontrollore per Maker e Hobbisti. Contiene Esempi di Codice ed Esercizi Pratici.

Angular: Guida Completa allo Sviluppo e Programmazione di Siti Internet Dinamici e Web App con AngularJS. Contiene Esempi di Codice ed Esercizi Pratici

C++: Guida Completa al Linguaggio e alla Programmazione ad Oggetti. Contiene Esempi di Codice ed Esercizi Pratici

CSS: Guida Completa allo Sviluppo di Fogli di Stile per Web Design e la Creazione di Siti Internet. Contiene Esempi di Codice ed Esercizi Pratici

PHP: Guida Completa allo Sviluppo e Programmazione di Siti Web Dinamici. Contiene Esempi di Codice ed Esercizi Pratici.

MySQL: Guida Completa ai Database SQL per Principianti. Contiene Esempi di Codice ed Esercizi Pratici.

JavaScript: Guida alla Programmazione Web e Web-App. Contiene Esempi di Codice ed Esercizi Pratici.

React Native: Guida Completa allo Sviluppo e Programmazione di Siti Internet e Web App con ReactJS. Contiene Esempi di Codice ed Esercizi Pratici.

Java: Guida Completa alla Programmazione ad Oggetti.
Contiene Esempi di Codice ed Esempi Pratici
Python: Il Manuale per Imparare a Programmare. Contiene
Esempi di Codice ed Esercizi Pratici.